AF245659

LETTRE

SUR LE

DRAPEAU FRANÇAIS

« Il n'y a que ceux qui sentent ce que l'on doit
» à Dieu qui peuvent comprendre, dans toute son
» étendue, ce qu'on doit à la Patrie. »

(Le comte de MONTALEMBERT)

1871

J.-D. CRAYSSAC, LIBRAIRE, RUE DE LA MAIRIE, CAHORS

Prix : 50 c.

CAHORS, IMPRIMERIE DE A. LAYTOU ET FILS, RUE DU LYCÉE

Cahors, le 7 juillet 18

Monsieur le Préfet,

J'ai l'honneur de vous adresser pour
dépôt trois exemplaires de la brochure
Lettre sur le Drapeau français
de M. l'abbé Serre.

Je suis avec respect
Monsieur le Préfet
votre serviteur

La Lettre que nous publions aujourd'hui, nous a été communiquée au mois de Février dernier. Le cadre trop restreint du Journal du Lot ne nous a pas permis de la publier dans cette feuille. Cédant aux sollicitations de quelques amis de l'auteur et reconnaissant du reste nous-même tous l'intérêt que présente ce travail dans la période de défaillance morale que nous traversons, nous nous décidons à livrer cette lettre au public sous forme de brochure. Elle sera lue par tous ceux qui croient encore, malgré les désastres présents, à l'avenir glorieux de la France.

(Note de l'éditeur.)

LETTRE

SUR LE

DRAPEAU FRANÇAIS

<hr>

Monsieur le Rédacteur,

Un mélange d'indignation et de tristesse que je ne puis plus longtemps maîtriser, me porte à vous écrire pour protester en mon âme et conscience de prêtre français, contre des menées de nature à révolter et désoler tout homme de cœur vraiment dévoué aux intérêts du pays parmi nous.

Est-ce que, je vous le demande, nous ne devrions pas tous, à l'heure présente, en bons fils de la France, être unis comme des frères? Pourquoi donc clubistes et ligueurs, en vrais semeurs de défiance et de zizanie, de mensonges et de tempêtes, pour récolter quelques naufrages, et, sans nul doute, recueillir quelques épaves, s'en vont-ils oser produire dans nos villes, non plus de discrets chuchottements, non plus de sourdes manœuvres, mais de sinistres accusations déjà hautement et savamment articulées, affirmées et propagées, mais des accusations aussi calomnieuses que perfides, aussi atroces qu'absurdes contre le clergé du Quercy au sujet des dernières élections ? Est-il vrai, comme on le dit, comme on me l'affirme aujourd'hui-même de vive voix et par écrit, est-il vrai que nous autres, prêtres et curés, surtout dans nos campagnes, avons abusé de notre influence pour tromper la bonne foi des électeurs au profit d'un drapeau à venir ? Est-il vrai, comme on nous en accuse, que nous sommes les ennemis jurés du drapeau français, que nous voulons et que nous allons l'abattre, le fouler aux pieds et le remplacer ; qu'il nous est odieux, insupportable, et que nous le damnons et le réprouvons, tant à cause de son origine, que de son symbole ou de sa signification, à cause surtout de ses épreuves présentes et si terribles ? Je réponds qu'il n'en est rien, absolument rien. J'ajoute, de plus, qu'en répondant ainsi, sous mon humble responsabilité personnelle et privée, je crois et j'entends, tout à la fois, exercer un droit et accomplir un devoir dans la mesure de mes forces. Telle est ma conduite, telle est ma pensée.

Quand on nous accusait, tout récemment, de faire des vœux pour la Prusse, voire même d'envoyer des sommes énormes au roi de Prusse, je regimbais de toute l'énergie de ma colère, en criant : « Non ! il n'est pas un seul Voltaire parmi nous, pour écrire, ni souscrire, ni même penser ce souhait infâme adressé par le vôtre en toutes lettres, à un Frédéric II : « Soyez le roi de France !... « Soyez le *Saigneur* des nations ! »

Quant au rôle qu'on nous impute dans les dernières élections, je puis affirmer, sans la moindre crainte de me tromper, que le clergé a suivi et non brisé, ni changé le moins du monde, le courant électoral. J'aborde maintenant l'accusation la plus grave : — Le clergé est-il et peut-il être l'ennemi juré du drapeau français? Mille fois non ; tout au contraire : nous vénérons son origine, nous acceptons son symbole si éloquent ; j'allais dire : ses transparences si pleines des plus féconds enseignements, et nous nous sentons émus, attendris, attirés par ses épreuves présentes qui nous le font « d'autant plus aimer, qu'il est plus malheureux. »

Son origine : J'ai beau repasser attentivement, et l'un après l'autre, mes souvenirs historiques sur un aussi beau sujet, je n'y trouve rien de damnable, bien loin de là. Chacune des trois couleurs m'envoie à travers les âges un parfum exquis de sainteté. La plus ancienne est le bleu. La famille des Capétiens fut, tout à la fois, et assez bien inspirée et assez heureuse pour la cueillir sur le tombeau de saint Martin de Tours, le grand et puissant protecteur de la France. Il me semble voir sa bannière d'azur entourée, durant le combat, de ces dix chevaliers d'élite qui ne capitulaient jamais.

Plusieurs siècles après, apparaît, à la tête de nos armées, une seconde couleur, ce rouge si vif et si éloquent de la célèbre oriflamme, éclose, elle aussi, sur le tombeau d'un Saint, grand ami de la France : sur le tombeau de saint Denys, martyr, premier évêque de ce Paris, dont les évêques et archevêques ont, entre tous, l'enviable privilége de verser leur sang pour notre patrie.

Enfin, quand le rouge disparut de notre drapeau pour s'en aller en Angleterre, à une époque bien malheureuse aussi, au XIVe siècle, nous voyons Charles VII arborer la couleur blanche, à cause de sa tendre piété pour la sainte Vierge, la reine du ciel et la reine aussi du beau pays de France. Cette reine secourable, n'en doutons pas, ajourd'hui comme alors, s'inquiète de nos revers et s'intéresse à notre gloire. Prions et espérons en Elle et par Elle.

Inutile d'insister : l'origine de nos couleurs nationales ne peut nous déplaire. Vainement on tenterait de nous offusquer, en nous rappelant, avec sa date néfaste du 27 pluviôse, an II (15 février 1793), le décret porté par la Convention et ainsi conçu : « Le pavillon, ainsi que le drapeau national, sera formé des trois couleurs nationales, disposées en trois bandes égales, de manière que le bleu soit attaché à la garde du pavillon, le blanc au milieu et le rouge flottant. » Nous savons qu'aux yeux et par ordre de Henri IV, lui-même, le tricolore était réellement la couleur nationale des Français, puisqu'il l'envoya aux Hollandais, qui lui avaient formellement demandé l'autorisation de prendre les couleurs françaises. Bien plus, les trois couleurs figurèrent sur la livrée de nos rois, non pas seulement sous François Ier, mais encore au mariage de Louis XIV lui-même, et s'y maintinrent après lui. En voilà assez sur l'origne de nos couleurs, passons à leur signification.

*
* *

L'éloquence de notre drapeau est grande et puissante, et ses enseignements révèlent à tous ceux qui veulent voir et entendre, l'incomparable mission de la France dans l'univers entier.

I. Le bleu, c'est la paix, la tranquillité dans l'ordre ; c'est l'azur, le ciel serein et calme ; c'est l'air libre, pur et vivifiant, sans trouble et sans « points noirs » à l'horizon. Gouvernants et gouvernés soyons fidèles, attentifs et très-vigilants à chasser loin de notre atmosphère tout ce qui peut la troubler, la charger, la corrompre. Opposons-nous victorieusement au vent brûlant du doute et de l'erreur qui la chargerait d'orages ; empêchons de notre mieux les courants d'opinions contraires et délétères, capables de la bouleverser et de la déchirer ; étouffons ces miasmes pestilentiels des doctrines dissolvantes qui l'empoisonneraient et nous feraient mourir. Bon Dieu ! j'entends, sans aller plus loin, j'entends tout de suite l'objection, ou plutôt l'accusation : « Vous voilà bien toujours pris en flagrant délit de rancune et de haine contre la liberté ; vous parlez d'air libre ; en effet, on dit : libre comme l'air, et la vraie couleur de la liberté, c'est le bleu ; mais votre nature vous trahit : vous êtes toujours pour les obstacles, les étouffements, les compressions et les oppressions, les impossibilités de la liberté ! » Pardon ! soyons clairs. Voulez-vous être libres de vous empoisonner en nous empoisonnant ? Nous ne serons jamais les partisans d'une telle liberté, dans votre intérêt encore plus que dans le nôtre propre. Quant à la liberté de discussion, honnête, large, sans caprice ni parti pris, sans autres bornes que celles fixées par le bon sens et le respect mutuel, nous en sommes, sans restriction aucune : « *Currat verbum !* » disait saint Paul, et le plus grand de nos orateurs, Bossuet, ne demande lui-même aux potentats de la terre, pour l'Église « *que son libre passage ici-bas.* » Ah ! ne croyez pas qu'il y ait incompatibilité entre catholicisme et liberté : « Le catholicisme se présente les mains pleines des témoignages des pères et des docteurs qui, depuis saint Paul, Tertullien, saint Grégoire, saint Augustin, jusqu'à saint Anselme et saint Thomas d'Aquin, ont défendu la cause de la liberté, les droits du simple citoyen et ceux de tous les peuples, contre les républiques, contre les empereurs, contre les rois, contre les princes, contre les ministres, les traitants, les proconsuls de tous les âges et de tous les pays ; tous l'ont fait avec cette éloquente autorité que leur donnaient, comme la donnent encore aujourd'hui, la conscience du droit, la puissance du vrai et le mépris de la persécution, même de la mort. » (*De la Liberté et de l'Avenir de la République française*, par Mgr Rendu, évêque d'Annecy, 1849, p. 258.)

Pour ma part, j'ose dire, à peu près, de la liberté ce que disait de la réforme parlementaire, dès les premières années de ce siècle, Wilberforce, *« le tendre et religieux ami de Pitt*, comme l'appelle M. de Montalembert : « Je suis pour une liberté modérée et opportune, capable de se concilier les honnêtes gens. Une liberté modérée ne fortifiera pas la démocratie, tout au contraire. N'espérons jamais satisfaire les démocrates : leurs griefs sont imaginaires comme leurs promesses. Ils demandent la liberté, mais ils ne désirent que le pouvoir..... Il faut séparer les ennemis sincères de la corruption de ceux pour qui la liberté n'est qu'un cri de guerre..... D'ailleurs, je suis à chercher le pays qui ait eu à se repentir d'avoir respecté la morale et la justice. »

Hélas ! ce sont précisément ceux qui sont le plus infernalement habiles à trahir, ruiner et tuer « pour longtemps » la liberté, que nous voyons s'acharner davantage à accuser le clergé de vouloir l'étouffer. C'est contre de tels adversaires que, le 13 juin 1849, le « *fier, droit et loyal* » Cavaignac adressait à l'Assemblée ces mémorables paroles :

« Vous m'inspirez une douleur profonde.

« Entre vous et nous, c'est à qui sert mieux la République, n'est-ce pas? Eh bien! ma douleur, c'est que vous
la servez bien mal. J'espère bien, pour le bonheur du
pays, qu'elle n'est pas destinée à périr. Mais si nous
étions condamnés à une pareille douleur, rappelez-vous
bien que nous en accuserions vos exagérations et vos
fureurs. »

Je ne demande à nos accusateurs qu'une seule chose :
qu'ils aiment et servent la liberté, comme nous l'aimons
et la servons. Le plus grand service qu'ils puissent
rendre à la France et à la liberté, consiste, à mon
humble sens, dans un ferme propos, tout puissant chez
eux, de ne plus ternir notre ciel bleu par des journées
d'ouragan, semblables aux journées de juin, de san-
glante et néfaste mémoire. C'est un ami sincère de la
liberté qui les en conjure par tout ce qu'ils ont de plus
cher et de plus sacré au monde, au nom de l'honneur et
de la loyauté !

Mais ici, je me sens accueilli par un sourire d'incré-
dulité parfaite de leur part : « Et l'Encyclique ! et le
Syllabus! » Je suis parfaitement en règle et d'accord
avec ces vénérés documents : Je pourrais, à cet égard,
citer d'admirables pages, tout à fait concordantes avec
ces lois de mon intelligence et de mon cœur, tant de
saint Thomas, 2ᵃ 2ᵐ, q. 10, art. 11, que de Suarez, *de
Fide*, disp. XVIII, sect. 3, etc. Mais j'aime mieux trans-
crire ces quelques lignes de la *Civiltà cattolica* :
« Comme l'Église, nous détesterons la liberté du mal,
qui rend impossible toute liberté honnête ; mais, comme
elle, nous la supporterons avec résignation. — Si vous
acceptez ces lois de tolérance envers le mal par pure
résignation, vous et votre parti serez prêts à les abroger

aussitôt que vos catholiques parviendront au pouvoir, et c'est pourquoi les libéraux vous font la guerre, craignant la réaction et la servitude. — Je les plains; car ils ne connaissent pas la loyauté des catholiques.... » (*La Civiltà cattolica, anno X*, série IV, vol. IV, p. 434-35.)

Ce témoignage n'est pas suspect. Nous ne repoussons donc personne loin de nous, et nous acceptons tout le monde, pour peu sociable qu'il soit, sous notre ciel bleu.

*
* *

II. Le blanc. Eh! pourquoi n'aimerions-nous pas cette couleur? Aussi bien on nous en accuse, et je ne m'en défends pas, loin de là. Seulement, comme j'espère le démontrer, les raisons qui inclinent nos cœurs à aimer le blanc, ne reposent en rien sur ce que M Sainte-Beuve, en ses beaux jours, appelait si bien « *Une envieuse pauvreté d'un exclusif amour ;* » tout au contraire, la couleur blanche, de sa nature, n'est autre que la réunion de toutes les couleurs. Admirable enseignement, qui, sincèrement appliqué, remettrait et remettra en trèspeu de temps, je n'en doute pas, la France à sa place et dans son rôle incomparable dans le monde. Au moment où l'on parle tant de « fusion, » et cela avec raison, il est peut-être opportun de rappeler avec quelle perspicacité et quel grand amour pour notre pays, deux ans avant le coup-d'Etat du 2 décembre, Donoso Cortès disait du haut de la tribune, à Madrid : « Là où le salut de la société dépend de la dissolution de tous les partis anciens et de la formation d'un nouveau parti composé de tous les autres, les partis s'efforcent de ne pas se dissoudre et ne se dissolvent pas. C'est ce qui arrive en France. Le salut de la France serait la dissolution des

partis bonapartiste, légitimiste, orléaniste, et la formation d'un seul parti monarchique. Eh bien ! là, dans cette
France, où le salut de la société dépend de la dissolution
des partis, les bonapartistes pensent à Bonaparte, les
orléanistes au comte de Paris, les légitimistes à
Henri V. »

Hélas ! toutes nos désolations présentes et passées, il
faut bien le reconnaître, n'ont point d'autre origine.
Le terrain d'un parti, si grand soit-il, est un terrain
trop petit pour servir de base solide au grand et bel
édifice d'un gouvernement digne de la France. Pour
élever un tel chef-d'œuvre à l'honneur et pour le bonheur de la France, il faut pouvoir disposer de toutes
ses magnifiques dimensions en longueur, largeur et
profondeur ; au surplus, mal habile et peu sage, sinon
dédaigneux serait l'architecte qui n'emploierait pas pour
rebâtir la France, tous les matériaux qu'elle lui offre,
et jusqu'aux grains de sable qu'elle recèle. Nous ne
sommes donc pas exclusifs, nous autres prêtres, comme
on nous en accuse ; et, au moment des élections, on ne
nous pourra reprocher jamais que le seul défaut, com-
mun à tous les hommes, celui de pouvoir se tromper,
bien involontairement, certes, puisque nous aimons la
France autant que personne. Pour ma part, je ne con-
nais pas de meilleure attitude politique pour un Français, surtout pour un électeur, au jour du vote, que
celle qui vous permet de dire en toute vérité, en vous
l'appliquant à vous-même,

Sous l'Empire :

Pour moi l'empire est tout et l'empereur n'est rien.

Et sous tout autre régime :

Pour moi la *France* est tout et le *reste* n'est rien !

Avec un tel programme, on se trompe, c'est possible, mais est-on coupable? Non. J'ose même affirmer que, si tous les électeurs, tant ceux des villes que ceux des campagnes, tous les électeurs, sans exception aucune, avaient éclairé et purifié toujours leur vote à la flamme patriotique de ce beau vers, loin d'avoir subi les atrocités et les *infestations* d'une troisième invasion, la France serait encore aujourd'hui intacte et sacrée. Mais que d'électeurs ont voté en aveugles volontaires ou involontaires! Je vais même plus loin. Je serais presque tenté, et pour de bonnes raisons au fond, de faire peser en toute rigueur de justice sur les électeurs, et non sur les rois et empereurs, et non sur les régimes divers et les constitutions variées, toute la responsabilité, pourtant si lourde, de tous nos bouleversements et de tous nos désastres depuis 89.

Electeurs! électeurs! que veut dire et que nous réclame la couleur blanche de notre drapeau? Lumière! de la lumière! Quelque puissant et habile que puisse être le gouvernement, il y a tant d'écueils, tant de récifs à éviter ; tant de hauts-fonds et de bas-fonds à tourner, qu'il est grand besoin d'un phare immense et très-lumineux pour conduire et sauver le bâtiment qui nous porte tous. Ce phare, c'est l'Assemblée désignée, nommée, formée par nos suffrages. Tout ce que la France possède de meilleur en fait de hautes intelligences et de fermes caractères, nous devons le dénoncer et l'offrir au respect, à l'amour, à la reconnaissance du pilote qui nous conduit ; sans cela, nous allons voir tomber le suffrage universel sous la vigoureuse réprobation du même ami de la France, Donoso Cortès, luttant de verve, d'intelligence, d'esprit, d'éloquence contre son digne interlocuteur, M. Villemain, sur le même sujet qui nous occupe. « Le resplendissant Espagnol, » dit M. de Montalembert, en nous rapportant un simple écho de l'une de ces conversations pleines de flamme, d'éclat et d'entraînement, comme lui seul savait, de nos jours, les allumer, s'écrie : « Je veux que l'on gouverne par la lumière et avec la lumière, pourvu qu'on la cherche où elle est, c'est-à-dire hors des masses, hors des instincts, des préjugés de la foule : je veux l'examen, la discussion, la liberté ; mais l'examen éclairé par en haut, la discussion tempérée par la foi, la liberté contenue par le devoir. »

Tout Français doit donc élever son cœur et son vote au-dessus des instincts, voire même au-dessus des plus nobles passions, comme l'amitié, la reconnaissance, et tels autres sentiments, même les plus légitimes, quand il s'agit de nommer les conseillers et les aides du pouvoir. Celui-ci, de son côté, doit préférer le bien de la France à son vil et coupable profit ; préférer, partant, les amis de la France à ses propres frères et amis ; préférer surtout les amis désagréables, très-désagréables, les conseillers importuns, très-importuns, aux adulateurs et agréés ou agréables de toute condition et de tout rang. Plus de favoris, mais des hommes, de vrais hommes capables, dans les ambassades, les ministères, les préfectures, les commandements, les diverses administrations. Voilà l'honnêteté qui découle de cette belle couleur blanche, comme la dignité s'exhale de la couleur bleue. Nous voici arrivés à la couleur du sacrifice, du dévouement par excellence, qui nous porte à verser notre sang pour la France.

*
* *

III. LE ROUGE vient tout naturellement et très-légitimement après les deux premières couleurs, appelé, réclamé, voulu, exigé par elles, suivant « *les fières paroles* » d'un moine, Pierre de Blois, en plein moyen-âge : « *Il y a deux choses pour lesquelles tout fidèle doit résister jusqu'au sang : la justice et la liberté.* » Le rouge, en effet, est la couleur du sang, non moins que celle du feu, du charbon ardent, de la charité enfin ; de la charité nullement égoïste, puisque l'apôtre de la charité nous dit en sa première épître, verset 16 : « *In hoc cognovimus charitatem Dei, quoniam ille animam suam pro nobis posuit : et nos* debemus *pro fratribus animas ponere.* » Car, comme nous avons reconnu, l'amour de Dieu envers nous, en ce qu'il a donné sa vie pour nous ; nous devons aussi donner notre vie pour nos frères. Non, non ; les chrétiens, les catholiques, les prêtres surtout nous ne sommes point des égoïstes, des lâches, toujours avares et très-amoureux de notre sang quand il s'agit de défendre la liberté, la gloire, la vie de notre patrie. Depuis la glorieuse légion Mélitine, si bien appelée légion fulminante sous Marc-Aurèle, jusqu'aux héroïques bataillons conduits par les de Charrette, de Cathelineau, de Sonis et tant d'autres de nos jours, l'histoire est là pour nous justifier à travers les âges et affirmer que nul ne sait ni ne peut donner son sang plus généreusement que nous, non-seulement pour la patrie, mais encore pour tous nos semblables sans acception de personne. On le sait bien ; inutile d'insister. Pourquoi donc serions-nous les ennemis d'une couleur qui nous honore à ce point ? Pourquoi rejetterions-nous ce rouge

que nous aimons, que nous vénérons, que nous avons
cueilli sur la tombe glorieuse de saint Denys?

La célèbre oriflamme, on le sait, outre son fond
rouge du plus vif éclat, offrait aux regards comme des
flammes d'un éclat plus vif encore, rappelant sans nul
doute les langues de feu descendues sur la tête des apô-
tres, ces vrais et fiers semeurs de lumière et de justice,
de liberté et de vérité, qui n'avaient certes pas peur de
la mort. Eh bien! pour nous, comme pour eux, il est
une devise incomparable, que nous nous gardons bien
d'oublier en un jour de bataille ; elle se compose de deux
mots tombés de la bouche de saint Paul : « *Mori
lucrum!* » C'est que, aux yeux de notre sainte religion,
la plus belle auréole est celle du martyre, et tout soldat
qui meurt au champ d'honneur, en homme de cœur,
offrant sa vie comme il faut, vit éternellement couronné
de gloire au sein de Dieu, car il est martyr, vrai martyr.

Au point de vue chrétien, le rouge est donc la plus
belle, la plus riche et la plus éloquente couleur. Ainsi
en est-il, à coup sûr, au point de vue de la science hé-
raldique, témoin le fait si touchant et tout à la gloire
des Montmorency. Le roi de France venait de remporter
l'éclatante victoire de Bouvines ; quelqu'un l'avertit que
son fidèle premier baron gît blessé à mort. Le roi
accourt en toute hâte, trempe son doigt auguste dans ce
sang généreux, ce sang français qui venait de vaincre,
qui a vaincu si souvent depuis, et qui vaincra encore les
empereurs d'Allemagne, nous l'espérons bien ; et, avec
le sang, Philippe-Auguste trace une croix, et la croix
précédemment blanche des Montmorency est et demeure
depuis lors rouge, du rouge le plus pur, et j'ajoute, le
plus éloquent.

Il n'est pas, en effet, d'éloquence comparable à celle du sang versé pour une noble et sainte cause.

Aussi bien, notre drapeau nous enseigne-t-il à étouffer en nous tout ce qui éteint le dévouement, l'abnégation, le sacrifice. La bonne nourriture d'un Français, les aliments les plus succulents, comme les plus sains pour lui, sont la longanimité, la grandeur d'âme, la dignité qui en font un de ces hommes probes, fermes, plus forts que la mort, un de ces « *hommes que l'on tue, mais qu'on ne déshonore pas,* » incapables de ramper, de grimper, de miner, à la façon du « *Servum pecus* » des solliciteurs pour lesquels tous les moyens, non de s'élever, mais bien de se hisser ou d'être hissés, sont bons, excellents. A leur dire, et surtout à leur faire, les meilleurs de ces moyens sont toujours les plus courts et les moins coûtoux. Ils passent leur misérable vie à toujours espérer et toujours aspirer, souvent à conspirer. En regard de notre « *Mori lucrum !* » ils ont toujours arboré leur livide « *Salve lucro !* » Sont-ils au pouvoir? Ils y sont pour eux et pour les leurs. Que leur importe le pays? *Salve lucro !* Sont-ils députés? Ils ne sont que des complices ou à tout le moins des complaisants, moyennant des «*équivalents* » fort peu « *militaires* » le plus souvent : « *Salve lucro !* » Sont-ils électeurs? Ah ! pourvu que ça rapporte quelque chose, que leur parlez-vous de la France? «*Mihique meisque : Salve lucro !* » Faire bien ses affaires : vendre ses agneaux, ses bœufs, ses vaches et ses porcs, c'est très-bien, sans doute, mais ce n'est point là toute la vie, pas même la grande vie d'une nation. Et si l'on peut, sans ombre de sacrilége, appliquer à notre drapeau les paroles du psalmiste : « *Abyssus abyssum invocat,* » ne pouvons-nous pas dire en toute vérité, que pour lui est venu comme un océan d'ignominie, précisément parce que la France s'était plongée dans l'océan des intérêts matériels et des jouissances les plus malsaines, les plus délétères? A quelles orgies de toute espèce, je vous le demande, le cœur navré, n'a-t-on pas fait assister ce drapeau si habitué pourtant à l'honneur de la peine et à la gloire du sacrifice par toute la terre et à travers toutes les mers? Mais patience! et cette terre et toutes ces mers s'étonneront encore de sa force, parce que la France va reprendre sa mission où la sainteté prime la gloire; cette mission qui est de protéger les faibles contre les forts, les opprimés contre les oppresseurs, les petits contre les grands, de faire, en un mot, que le droit prime la force en Italie, en Allemagne, en Syrie comme en Pologne, en Danemarck comme en Espagne, à Paris comme en province.

QUESTION. — **Les épreuves actuelles du drapeau doivent-elles nous le rendre odieux ?**

C'est précisément le principe politique que nous détestons et exécrons le plus, nous autres prêtres, le principe politique le plus en contradiction avec l'esprit de dévouement, de secours mutuel, de sacrifice, si éloquemment affirmé par la couleur rouge de notre drapeau; enfin, le principe égoïste de non-intervention, qui a laissé et fait subir à ce même drapeau le débordement incroyable des épreuves présentes qui l'accablent, et l'on s'en vient nous accuser de ne plus vouloir du drapeau à cause même de ces épreuves? Allons donc! Eh bien! qu'on le sache, nous sommes, et je l'affirme avec orgueil, nous sommes de la race de ces chrétiens qui, ayant à choisir leur moment pour faire leur cour à leur

Dieu vivant sur la terre, n'auraient certes pas choisi le moment du Thabor, mais bien mille fois la journée du Calvaire. Tel est notre tempérament.

Les épreuves du drapeau nous affligent, oui ! et nous affligent d'autant plus que nous les avions mieux prévues et mieux dénoncées d'avance qu'aucun de nos accusateurs du moment, sans pouvoir, en aucune façon, les conjurer ni les faire passer loin de notre patrie. Nos « *angoisses patriotiques* » datent donc de fort loin. Je suis bien aise, pour le prouver, de n'avoir qu'à laisser parler « le chef des cléricaux », comme on l'appelle, le noble comte de Montalembert. Dès le 26 décembre 1838, à la Chambre des Pairs, par un de ces mouvements oratoires dont il connaissait si bien le secret, il ravit, il entraîne, il transporte tout son auditoire et la France entière au « haut des remparts de Thionville, de Longwy, de Metz, pour que les oreilles françaises entendent le canon, ce canon qui réveillera tous les cœurs amis de la justice et incapables d'adopter cette lâche maxime : *chacun chez soi, chacun pour soi !* La France entière, ajoute-t-il, se dressera au moins pour écouter et comprendre qu'on veut nous repousser jusque derrière la Meuse, car c'est ce que nous annoncent les organes des gouvernements du Nord. C'est la Meuse, qui est, selon eux, la frontière de l'Allemagne. » En 1842, lors de la discussion parlementaire sur le tracé du chemin de fer de Strasbourg, on essaya de faire comprendre à la France que la prochaine invasion du Nord s'opérerait entre Sarrelouis et Landau. Chaque année depuis est venue augmenter nos craintes et nos tortures catholiques, au sujet de la France toujours menacée à nos yeux, jusqu'au moment où, en 1863, trois ans avant

Sadowa, toujours le même clérical et très-patriote
M. de Montalembert, toujours « *prophète,* » comme l'a
appelé M. Thiers, M. de Montalembert écrit : « L'Allemagne n'aspire qu'à imiter l'Italie : elle appelle de tous
ses vœux l'unité allemande afin de pouvoir dire à la
France et à la *Russie : Facta sum sicut una ex vobis!* »
Plus loin, parlant de « la piémontisation de l'Allemagne, » il se demande : « Par qui s'opérera cette trans-
formation, laquelle est la conséquence logique et inévi-
ble de l'unité italienne ? Evidemment par la Prusse :
c'est elle qui sera le Piémont de l'Allemagne..... Et
l'Allemagne, ramenée à l'unité et concentrée dans une
seule main, ne gardera pas les limites qu'elle a aujour-
d'hui.... » Il y a donc longtemps que nous autres
catholiques avons souffert d'avance, dans l'impossibilité
de nous y soustraire, les terribles épreuves du présent.
Pourquoi donc vient-on nous accuser de haïr et de vouloir rejeter à jamais un drapeau que nous savions si bien
servir, si bien avertir alors que tout conspirait en dehors
de nos rangs, pour le trahir et le perdre? Qu'on me
nomme un seul ecclésiastique du Lot qui n'ait point été
qui ne soit pas, au su de tout le monde, dans l'heureuse
et généreuse disposition très-sincère de donner mille et
mille fois sa vie pour épargner à la France les malheurs
dont elle vient d'être accablée? Quel est celui de nous
qui ne donnerait pas tout son sang comme une seule
goutte d'eau, pour avoir le bonheur de rendre à tant de
mères désolées leurs larmes si abondantes et si amères
en leur rendant leurs fils? Est-il quelqu'un qui ait eu
plus à souffrir que nous, de ne pouvoir consoler ces in-
consolables Rachels : « *Rachel plorans filios suos et
noluit consolari, quia non sunt!* »

Toutefois, notre douleur n'est pas de celles qui se trouvent sans espoir. Notre drapeau trois fois saint dans son origine, symbole de l'ordre, de la justice, de l'honneur, de la liberté, de la lumière et de l'amour, se trouvant entre des mains d'hommes qui reconnaissent, pour se guider dans leur conduite, les enseignements salutaires et féconds si éloquemment affirmés par ses couleurs incomparables, ne saurait tarder à rallumer un à un, et dans leur plus pur éclat, tous les rayons de sa gloire. Il suffit pour cela que nous soyons désormais un peuple ami des malheureux, un peuple sauveur des faibles et des suppliciés. Que la France ne songe plus désormais à favoriser les forts, mais que, disant de tout cœur :

Non ignara mali miseris succurrere disco,

elle tourne enfin son regard, et tende sa main vers ses sœurs malheureuses autant et plus qu'elle-même : la Pologne, la Syrie, le Danemarck, la Grèce, l'Espagne, l'Irlande et tant d'autres nobles opprimés. Qu'elle se donne toujours « *le droit pour base, l'honnêteté pour moyen, la grandeur morale pour but,* » et elle retrouvera tout aussitôt sa propre grandeur et toute sa gloire premières. S'il m'était permis, en finissant cette trop longue lettre de formuler un vœu au sujet de ce drapeau que j'aime tant, j'oserais demander qu'il ne soit plus surmonté à l'avenir, par un animal quelconque, ni par l'aigle, la seule chose qu'il ait perdu à Sédan, ni par le coq, « *prétendu gaulois,* » mais bien par la croix latine ; puisque la Prusse a voulu exterminer la race latine, on le lui fera bien voir. Il conviendrait d'ailleurs que le signe glorieux qui brille si justement sur la poitrine des braves, brillât aussi au haut du drapeau. C'est là mon vœu le plus ardent.

Montfaucon-du-Lot, 23 février 1871.

L'abbé Augustin SERRES,

prêtre, professeur au Petit-Séminaire.

www.ingramcontent.com/pod-product-compliance
Lightning Source LLC
Chambersburg PA
CBHW061807060726
47597CB00007B/3155